Die boef kom

de Bibliotheek

Selma Noort
Die boef komt er niet in

Tekeningen van
Harmen van Straaten

Zwijsen

avi 3

Boeken met dit vignet zijn op niveaubepaling geregistreerd
en gecontroleerd door KPC Groep te 's-Hertogenbosch.

1e druk 2004

ISBN 90.276.7555.4
NUR 282

© 2004 Tekst: Selma Noort
Illustraties: Harmen van Straaten
Uitgeverij Zwijsen Algemeen B.V. Tilburg

Voor België:
Zwijsen-Infoboek, Meerhout
D/2004/1919/95

NEDERLANDSE
KINDERJURY
2005

Inhoud

Wie wil er nu wakker zijn?

'Mik, slaap je?' vraagt mama.
Ze staat naast Miks bed.
Miks ogen gaan niet open.
'Ja,' zegt ze zacht.
'Schat van me,' zegt mama.
'Luister eens, ik moet even weg.
Oma voelt zich niet goed.
Ze belde me net op.
Papa is niet thuis.
Maar hij komt er zo aan.
De sportschool is niet ver.
Hij komt om half elf thuis.'
Mik draait zich om.
Het is lekker warm in bed.
Wat wil mama toch?
'Mik, hoor je me?
Je moet even op jezelf passen.'
'Ja-ha!' zegt Mik.
'Bob slaapt ook, hoor,' zegt mama nog.
Dan trekt ze de deur dicht.

Hè hè, weer slapen.
Mik pakt Haas, haar knuffel.
Ze gaat op haar zij liggen.
Dan hoort ze een harde klik.
De klik van de voordeur.
Haar ogen gaan wijdopen.
Gaat mama nou weg?
Wat zei ze ook weer?
Iets over oma en papa.
Mik denkt na.
Dat lukt niet zo goed.
Ze slaapt nog half.
Hè bah, en nu moet ze plassen.
Ze stapt uit bed.
In het donker loopt ze naar de badkamer.
Daar doet ze het licht aan.
Ze knippert met haar ogen.
Boven het bad zit een dakraam.
Daar hangt geen gordijn voor.
Druppels regen plakken aan de ruit.
Het waait hard buiten.
Mik ziet de takken van de bomen
zwiepen.

De wind fluit om het huis.

Wie wil er nu wakker zijn?

Niemand toch zeker.

Mik geeuwt.

Ze trekt de wc door.

Tjonge, wat een lawaai in het stille huis.

Ze loopt de gang op.

Ze hoort de tv niet.

Ging mama nou echt weg?

Of was dat maar een droom?

Is ze gewoon thuis?

Mik loopt naar de grote kamer.

Daar slapen papa en mama altijd.

Het bed is leeg.

Ze loopt naar de trap.

Beneden is het donker.

'Mama?' roept ze zacht.

Ze hoort niets.

Mik durft niet harder te roepen.

Bob slaapt.

O ja, Bob.

Wat zei mama over Bob?

Bob is er toch wel?

Mik loopt naar zijn kamer.
Zacht duwt ze de deur open.

Boven Bobs bed brandt een lampje.
Bob ligt op zijn rug.
Zijn armpjes liggen boven zijn hoofd.
Zijn dikke wangen zijn rood.
'Dag Bob,' zegt Mik zacht.
Ze aait zijn haar, heel zacht.
Hij slaapt gewoon door.
Mik gaat zijn kamer weer uit.
De deur laat ze op een kier.
Bob is er nog.
Verder niemand.
Zij is nu de oudste.
Dus zij moet op hem passen.
Ze haalt diep adem en loopt de trap af.
Zo het donker in.
De trap kraakt.
'Mama?' roept ze nog eens.
Boven klinkt een klap.
Stijf van schrik staat Mik stil.
Wat was dat?

Fladdert een spook?

'Mama!'
Mik rent naar de huiskamer.
Ze gooit de deur open.
Maar er is niemand.
De lamp naast de bank is aan.
Het licht boven de tafel ook.
In de keuken staat een mok.
Daar zit nog koffie in.
Blieb, blieb.
De telefoon!
Wat nu?
Hij staat in de kleine kamer.
Mik doet de deur open.
Het is er stil en donker.
Ze hoort niets meer.
Waarom bliebt hij maar zo kort?
Of was het een ander geluid?
Mik loopt terug naar de gang.
Ze luistert bij de trap.
Nee, Bob slaapt nog.

Ze hoort verder niets boven.

Misschien was het een boef.

Om te horen of er iemand thuis was.

En Mik nam niet op.

Niemand thuis, denkt hij dus.

Naar dat huis kan ik wel toe gaan.

Mik loopt naar de voordeur.

Die zit niet extra op slot.

Binnen haalt ze een stoel.

Nu kan ze bij de hoge grendel.

Zo, en nu de lage nog.

Ze neemt de stoel weer mee naar binnen.

Daar voelt ze aan de schuifpui.

Die zit goed dicht.

Er staat wel een klapraam op een kier.

Dat moet dicht.

De boef kan erdoor klimmen.

Nou ja, als het geen dikke is.

Of een stijve hark.

Een boef die dun en lenig is.

Mik schuift de stoel onder het klapraam.

Ze trekt het dicht.

Ziezo, dat is dat.

Nu moet ze weer naar boven.

Bob ligt daar alleen.

En ze hoorde die klap.

Ze moet weten wat dat was.

Ze sluipt de trap op.

De deur van de grote kamer is dicht.

Had ze hem niet open laten staan?

Ze legt haar hand op de klink.

Binnen in de kamer hoort ze een geluid.

Iets dat fladdert.

Snel trekt ze haar hand terug.

'Mama!' kreunt ze zacht.

Wat fladdert daar?

Zo'n zwarte kraai?

Of een grote vleermuis.

Zo een die mensen aanvalt en ze dan bijt.

Een spook?

Fladdert een spook?

Mik deinst terug.

Ze botst tegen de deur van Bobs kamer.

Tik tik tik …

Wat is dat nou weer?

Tikt er iets op het raam?

Dat kan toch niet boven?
Dan moet het een reus zijn.
Of iets dat vliegt.
Mik staat nu bij Bobs bed.
Hij slaapt nog steeds.
Zijn mond beweegt.
O, hij is zo lief.
Als er maar niets met Bob gebeurt!

Donder op, engerd!

Het geluid klinkt nu echt hard.
Mik kan het in Bobs kamer horen.
Ze gaat terug naar de gang.
De deur doet ze achter zich dicht.
Niemand komt aan Bob!
Dapper stapt ze naar de grote kamer.
Ze klopt op de deur.
'Wie … wie is daar?'
Haar stem bibbert.
Ze hoort geen antwoord.
Kan een spook wel praten?
Ze hoort ook geen KRAAAAH!
Of PIEEEEEEP!
Ze maakt de deur open.
Die wordt uit haar hand gerukt.
Whooooeeeei!
Een pot valt met een klap kapot.
Scherven spatten over de vloer.
Mik gilt.
Ja, er fladdert iets wits.

Iets groots daar bij het raam.

'Ga weg!' schreeuwt Mik.

'Donder op, engerd!'

Het spook wordt nog woester.

Mik kijkt om zich heen in het donker.

Daar staat papa's prijs.

Een grote, zware beker.

Daar krijgt ze dat spook wel mee.

Ze grijpt de beker en rent naar voren.

'Hier!' schreeuwt ze.

Ze mept zo hard ze kan.

Het spook gilt niet.

Het gaat niet weg.

Het wordt alleen slap.

Even dan, omdat het nu niet waait.

Mik houdt op met slaan.

Het spook heeft roze vlekken.

Ze kijkt eens goed.

Die vlekken lijken op rozen.

Mik laat de beker zakken.

De wind komt terug.

Hij loeit en fluit.

Meteen wappert het spook weer woest.

Mik gooit de beker op het bed.
Ze duwt het spook opzij.
Met een klap trekt ze het raam dicht.
Net zo'n klap als ze net hoorde.
Het spook is meteen rustig.
Rustig als een gordijn.
Een gordijn met rozen erop.
Het hangt gewoon.
En het laat de planten staan.

Tik, tik, tik.
Ziezo, dat was het spook.
Nou die tikker nog.
Mik is heus niet bang.
Ze pakt de zware beker weer.
Au!
Iets prikt in haar teen.
Snel gaat ze op het bed zitten.
Ze kijkt onder haar voet.
Ze ziet een scherf van de pot zitten.
'Au au au,' kermt Mik.
Ze pakt de scherf en trekt.
Oef, hij komt uit haar voet.

Dat scheelt veel pijn.
Het bloedt wel flink.
Er liggen pleisters in de badkamer.
Dat weet Mik wel.
Ze wil gaan huilen.
Maar dat heeft geen zin.
Er is niemand die haar kan horen.
Ze moet nu voor zichzelf zorgen.
Ze bijt op haar lip en staat op.
Hinkend gaat ze erheen.

Mik heeft nu een grote pleister.
Voor haar zere teen.
Ze plakt hem er zelf onder.
Dat kan ze best.
'Waar ben je, tikker?' gromt ze.
'Ik ben gewond, maar ik kan nog
vechten!
Pas maar op!'
Ja, ze hoort het getik weer.
Het komt uit haar eigen kamer.
Wie is daar in haar kamer?
Straks ligt er een tikker in haar bed.

Dat zou fraai zijn, zeg!
Mik stormt naar binnen.
Ze zwaait met de beker.
Maar … er is niemand.
'Kom maar op!' roept Mik.
'Dan geef ik je een dreun.
Midden op je kop!
Kom dan, als je durft!'

Een wit gezicht achter het raam

Er ligt geen tikker in Miks bed.
Hij zit ook niet achter haar stoel.
En hij staat ook niet achter het gordijn.
Toch hoort ze hem nog steeds.
Tik, tik, tik.
Zit hij bij de buis van de verwarming?
Ze sluipt erheen.
Wat gek.
De buis tikt.
Mik voelt eraan.
Hij is wat warm.
Daar heeft ze nog nooit van gehoord.
Van een buis die tikt.
Nou ja, het kan geen kwaad.
Ze zucht.
Ze kijkt naar haar bed.
Zal ze weer gaan slapen?
Misschien is haar bed nog warm.
Ze tilt het dekbed al op.
Dan krijgt ze het benauwd.

Iemand rammelt aan de voordeur.

Die boef!

Ze rent naar de gang.

Ja, ze ziet het.

De deur trilt ervan.

Ze hoort een stem.

De stem van een man.

Mik sluipt de trap af.

In de gang staat een kast.

Ze doet het licht niet aan.

Kreunend schuift ze de kast.

Ze zet hem tegen de deur aan.

Twee grendels op de deur.

En een kast ervoor.

Dat houdt die boef vast wel tegen.

Mik gaat de kamer in.

Goed dat het raam nu dicht is.

Snel schuift ze het gordijn ervoor.

Verder zijn die al dicht.

Maar het kleine raam in de keuken …

Daar zit niets voor!

Daar moet Mik iets aan doen.

Die boef mag haar niet zien.
Hij moet denken dat papa thuis is.
Wat kan ze ervoor zetten?
Een boek misschien …
O, er loopt iemand buiten.
Stappen gaan langs de pui!
En verder langs de ramen.
Op weg naar de keuken.
Mik vliegt naar het raam.
Op de tafel staat een dienblad.
Dat past ervoor.
Ze grijpt het vast.
Een kopje rolt eraf.
Daar, buiten achter het natte raam …
Een lichte vlek, een wit gezicht!
De mond erin gaat open.
Als een zwart gat in de witte vlek.
Mik kwakt het blad voor het raam.
Weg is het gezicht.
Heeft het haar gezien?
Ze weet het niet.
Langzaam loopt ze weg.
Ze blijft naar het raam kijken.

En dan: Blieb, blieb!

De telefoon weer.

Wat nu?

De boef weet dat er iemand thuis is.

Maar niet wie.

Ze holt naar de kleine kamer.

Mooi, hier is het gordijn ook dicht.

Ze neemt op.

Diep haalt ze adem.

Met haar zwaarste stem zegt ze:

'Met papa.

We willen slapen.'

En snel legt ze de hoorn neer.

Pas maar op voor Meppende Mik!

Mik holt weer naar boven.
Bob slaapt nog steeds.
Hij snurkt een beetje.
Wat is hij toch een lieverd.
Mik krijgt een idee.
In haar kamer staat een kist vol
speelgoed.
Er zit ook een pak van een ridder in.
Met een helm en een zwaard.
Ze laat Bob slapen.
Ze gaat naar haar kamer.
En ze maakt de kist open.
Hoppa, de helm op.
Hup, het pak aan.
Tsjak!
Ze houdt het zwaard in haar vuist.
Woest zwaait ze ermee.
Zwiep, zwap, klats!
Kom maar op, boef.
Dan zul je eens wat zien.

Dit is niet zomaar een oppas.
Pas maar op voor Meppende Mik!

Mik zit op de trap.
Ze doet haar helm af.
Hij zit over haar oren.
Zo kan ze niet goed horen.
En horen is nu belangrijk.
Waar is de boef?
Loopt hij nog om het huis?
Rammelt hij weer aan de deur.
Frunnikt hij aan de ramen?
Ze hoort niets meer.
Alleen de wind.
En nu en dan een vlaag regen.
Zou hij weg zijn?

Het komt vast door de spanning.
Maar Mik moet alweer plassen.
Dat valt niet mee, met dat pak aan.
Oef, ze zit.
Met een zucht kijkt ze om zich heen.
Oei!

Het raam.

Het grote dakraam zonder gordijn.

Nee, nou moet ze niet raar doen.

Die boef kan toch niet boven komen.

Of wel?

Eerst het platte dak op.

Dan verder over de dakgoot.

Hoort ze daar nu toch iets?

Ja, er kraakt iets.

Ze hoort een schuivend geluid.

Mik springt op.

Snel trekt ze haar broek omhoog.

Bang staat ze daar.

Ze staart naar het raam.

Ze hoort weer iets.

Ze ziet nu ook iets …

Een hand plat tegen het glas!

'Aaaaaahhh!'

Ze gilt als een vuurpijl.

Nu wordt Bob wel wakker.

Hij begint te huilen.

Mik rent weg.

De deur gooit ze achter zich dicht.

'Stil maar, Bob!
Ik ben er al.'

Gauw gaat ze zijn kamer binnen.
Ze aait hem over zijn haar.
'Shhht, Bobbie,' zegt ze.
'Ik pas op je.
Stil maar.'
Bob zucht en draait zich om.
Mik trekt aan het touwtje van zijn
mobiel.
Die begint rond te draaien.
De muziek klingelt.
Ze gaat tegen zijn bed zitten.
Even rusten.
En even denken.

Ga toch weg!

'Oké,' zegt Mik even later tegen zichzelf.
'Niet bang zijn.'
Ze gaat de badkamer weer binnen.
En ze is slim.
Ze doet het licht niet aan.
Ja, er is echt iemand in de dakgoot.
Ze ziet een been en een arm.
Iemand probeert het raam open te maken.
Mooi, zij zal hem helpen.
Maar niet zoals hij het wil!
Ze sluipt naar binnen.
Het dakraam is geen gewoon raam.
Het zit schuin en kantelt open.
Mik weet hoe het moet.
De boef ziet haar niet.
Ze klimt op de rand van het bad.
Zacht schuift ze de grendel weg.
Dan duwt ze zo hard ze kan.
Het raam schiet met een ruk open.
De man buiten schreeuwt van schrik.

Hij maait met zijn armen.

En weg is hij.

'Aaaaaaaaaahhh!' hoort Mik.

Dan een enorm gekraak.

Een harde bonk.

Een poos blijft het stil.

Dan hoort ze gekerm.

En heel lelijk schelden.

'Goed zo, Mik!' zegt Mik tegen zichzelf.

'Die ligt in een struik!'

Ze giechelt.

Ze klopt zichzelf op haar schouder.

De wind rukt aan het raam.

Hij blaast een blaadje naar binnen.

Mik trekt het raam weer dicht.

En ze schuift de grendel erop.

Ziezo, die boef gaat nu vast wel weg!

Mik gaat terug naar de keuken.

Het blad voor het raam staat scheef.

Ze zet het weer recht.

De boef moet hier ergens liggen.

Achter de muur in een struik.

Hoort ze hem nog kermen?

Mik heeft dorst.

Ze trekt de koelkast open.

Ja, er staat sap.

Ze pakt een glas en schenkt het vol.

Hè, dat smaakt.

Ze heeft ook trek.

Papa is er niet.

Mama is er niet.

En van zichzelf mag ze best een koek.

Ze pakt de trommel uit de kast.

Hmmm, wafels.

Die zijn heerlijk.

Ze mag er wel twee.

Omdat ze zo dapper is.

Ze bijt net in een wafel.

Als ze kauwt, maakt dat lawaai.

Daarom hoort ze het eerst niet.

Klop, klop.

Ze staat daar en kauwt.

Klop, klop, klop.

Een stem smeekt: 'Doe toch open!'

Mik eet haar wafels.

Kraak, krak, kraak.
Langzaam, want ze zijn zo lekker.
Pas als ze op zijn, hoort ze iets.
Klop, klop.
O, de boef klopt op het raam.
'Ga toch weg!' schreeuwt Mik
'Doe open!' smeekt de stem.
'Echt niet!' schreeuwt Mik.
Ze rent weer weg, terug naar boven.

Mik zit op haar bed.
Wat nu?
Ze rilt.
Haar handen zijn heel koud.
En haar voeten …
O ja, haar zere voet.
Ze kijkt naar haar pleister.
Oei, er zit bloed op.
Ze trekt een huillip.
Maar ja, er is niemand.
Dus huilen heeft geen zin.
Ze trekt het pak van de ridder uit.
Ze pakt Haas en ze gaat liggen.

Droomt ze nu en weet ze het niet?
Ze trekt het dekbed over zich heen.
Stil tuurt ze in het donker.

Tsjak!

Mik schrikt.
Sliep ze?
Haar bed is weer warm.
Is mama nu al thuis?
Ze gaat weer rechtop zitten.
Ze moet wakker blijven.
Want ze moet op Bob passen.
Maar dat mag ook in bed.
Waarom niet?
Mik pakt Haas.
Het is een slappe knuffel.
Ze drukt hem tegen zich aan.
Ze geeuwt.
Maar dan …
Ja, ze hoort het echt.
Iemand klopt op haar raam!
Hoe kan dat nou?
Zit die boef nou weer op het dak?
'Mik!' roept een stem.
O, hij weet dat zij thuis is.

Dus hij weet dat zij niet papa is!
Mik springt uit bed.
Ze neemt Haas mee.
En ze holt naar Bobs kamer.
Daar is het lampje aan.
Bob slaapt nu op zijn buik.
Alles lijkt daar gewoon.

Nu heeft ze haar zwaard niet.
Dat ligt nog naast haar bed.
Nou, ze gaat het mooi niet halen.
Of maar beter wel?
Ze kan toch niemand met Haas slaan.
Die is te zacht en te lief.
'Hier Bob, jij mag Haas.'
Mik zet Haas naast Bob in zijn bed.
Ze gaat de gang weer op.
Sluipend, alsof ze zelf een boef is.
Ja, daar ligt haar zwaard.
Ze raapt hem op en sluipt terug.
Pats!
Er valt iets kapot.
Het geluid klinkt bekend.

Er viel weer een pot.

O, Mik weet wat dat is …

Het raam in de grote kamer!

Ze heeft het wel dicht geduwd.

Maar ze heeft de knop niet gedraaid.

O, de boef is binnen.

Die vecht nu met het spook.

Die trapt nu in de scherven.

Die komt nu naar de deur …

Mik rent naar haar kamer.

Ze pakt haar kist met speelgoed.

Ze rukt en sjort.

Langzaam schuift hij door de gang.

Maar het lukt.

Ze krijgt hem voor de deur.

Net op tijd.

Alleen, de kist is niet zwaar genoeg.

De boef duwt tegen de deur.

En de kist schuift opzij.

Mik ziet vingers door de kier komen.

Dan een hele hand en een pols.

Wat moet ze doen?

Ze rent naar voren.

En ze hakt met haar zwaard.
'Tsjak!' schreeuwt ze.
'Au!' brult de boef.
Snel trekt hij zijn hand terug.
Mik duwt tegen de kist.
De deur slaat weer dicht.
Er moet iets zwaars op de kist.
Maar waar haalt ze dat vandaan?
Wacht …
Ze springt naar voren.
En ze gaat er zelf op zitten.
Hijgend maar dapper.

Achter de deur gebeurt van alles.
De boef moppert tegen zichzelf.
Mik hoort hem.
'Mompel de mompel …' hoort ze.
'Zie ik nou bloed, mompel …'
En nog meer.
Hij schuift de scherven bij elkaar.
Dat is wel een beetje raar.
Maar toch ook weer niet.
Hij wil geen scherf in zijn voet.

Hij weet niet waar de pleisters liggen.

Blieb, blieb.

De telefoon.

Mik mag niet opstaan.

Dan kan de deur open.

Ze kijkt om zich heen.

Als ze nou eens …

Ja, dat is een goed idee.

Ze luistert goed.

Dat is moeilijk.

De telefoon bliebt maar door.

De boef is stil.

Hij duwt niet meer tegen de deur.

Mik staat op.

Ze holt naar de badkamer.

Daar staat de wasmand.

Ze duwt hem de gang op.

De mand kraakt.

Hij zit vol vuil wasgoed.

Dat is mooi, want hij moet zwaar zijn.

Mik zet haar kist klem met de mand.

Nu kan de deur niet meer open.

Hoe hard iemand ook duwt.

Blieb, blieb.
Ze holt de trap af.
Maar ze komt net te laat.
Het is alweer stil.

Doe toch open!

Mik blijft staan.
Ze staart naar de telefoon
En ineens: Blieb, blieb.
Hij begint weer.
Ik weet wat, denkt Mik.
Ik roep: Ga weg!
Ze pakt de hoorn.
Dan hoort ze:
'Hans, fijn, je bent er!'
Het is mama's stem.
En Hans, dat is papa.
'Mama, ik ben het!' roept Mik.
'Mik?' zegt mama verbaasd.
'Lig jij niet in bed?'
'Er is een boef!' roept Mik.
'Kom gauw naar huis!
Ik heb de deur op slot gedaan.
Ik heb goed op Bob gepast.
En ik heb bloed aan mijn voet!'
'Hola, wacht eens even,' zegt mama.

'Heb jij de grendels op de deur gedaan?
Maar dan kan papa niet naar binnen!'
Bonk, bonk, bonk!
Nu bonst iemand op het raam.
'Mik!' schreeuwt de stem weer.
'Papa?'
Mik legt de hoorn neer.
Ze schuift het gordijn open.
Daar staat een man.
Een wit gezicht.
Een zwart gat erin: zijn mond.
'Mik!' schreeuwt de man.
'Doe toch open, malle meid!'
Mik deinst terug naar de hoorn.
Ze hoort mama's stem.
'Mik, ben je daar nog?'
'Mama, papa staat buiten.'
'Ja lieverd, laat hem gauw binnen!'
Mik rent naar de gang.
Ze schuift de kast terug.
En dan de lage grendel.
Ze rent naar binnen voor de stoel.
Dan schuift ze de hoge grendel weg …

En daar staat papa.

Water druipt uit zijn haar.

Er zit bloed op zijn wang.

Zijn broek is vuil.

Hij wankelt naar binnen.

Mik doet de deur achter hem dicht.

Papa ploft neer in een stoel.

'Au, mijn hand!' jammert hij.

'Mijn hoofd en mijn rug!'

Mik kijkt naar hem.

'Mijn voet bloedt,' zegt ze.

Papa kijkt op.

'Ik zag scherven van de pot.

En ik zag bloed op de vloer,' zegt hij.

Mik staat heel stil.

Ze staart papa aan.

'Was jij dat?' vraagt ze.

'Boven in jullie kamer?'

'Ja, troela, dat was ik!' zegt papa.

'Ik kwam terug van sport.

Toen zaten de grendels op de deur.

Ik klopte op het raam.

Je liet me er niet in!

Toen gooide je me van de dakgoot.

Ik viel in een struik.

Ik brak haast mijn nek!

Op het laatst kon ik onze kamer in …

Maar toen kon ik er niet uit.

Er stond iets voor de deur.

En jij sloeg me op mijn hand!'

Mik rent naar papa toe.

Ze klimt op zijn schoot.

'Ik moest op Bob passen,' zegt ze.

'Ik dacht dat je een boef was.'

Ze geeft papa drie kusjes.

Twee op zijn wang.

En een op zijn zere hand.

'Nou, een mooie oppas ben jij!'

Papa kan weer een beetje lachen.

Miks kusjes helpen al.

'Bob boft maar met zo'n grote zus.'

'Hij werd even wakker,' vertelt Mik.

'Maar toen heb ik hem geaaid.

Ik zei: "Stil maar, Bob."

En toen ging hij weer slapen.'

'Waar is mama toch?' vraagt papa.

'Bij oma,' zegt Mik.

'Ze belde net nog op.'

Papa gaat naar de telefoon.

Hij belt oma.

'Ja, met mij,' zegt hij.

'Ik kon er niet in.

Er was hier een heel goeie oppas.

Alles zat op slot.

Het is een heel verhaal.

Ik vertel het je nog wel.'

Dan luistert hij.

'Ja, ik breng haar weer naar bed.

Doe de groeten aan oma.'

Hij legt de hoorn neer.

'Komt mama zo weer?' vraagt Mik.

'Ja,' zegt papa.

'Alles is goed met oma, hoor.'

Hij tilt Mik op.

Dat kan hij, ook al heeft hij pijn.

Samen gaan ze de trap op.

Om bij Bob te kijken.

Die slaapt nog steeds.

Papa buigt zich over zijn bed.

Hij geeft hem een kus.

En Mik pakt Haas.

Papa kijkt verder nog rond.

Hij ziet de kist en de mand.

Het ridderpak en het zwaard.

Hij schudt zijn hoofd.

'Tjonge, jonge,' zegt hij.

'Ik geloof mijn ogen niet.

Wat een goeie oppas ben jij!'

Ze gaan naar Miks kamer.

Mik kruipt terug in bed.

Papa legt Haas naast haar.

Hij stopt haar lekker warm in.

Mik doet haar ogen stijf dicht.

'Slaap fijn, Mik.'

Papa aait nog even over haar haren.

Ze krijgt ook een kus.

Dan gaat hij aan het werk.

Hij ruimt alles op.

Buiten loeit de wind.

En de regen striemt tegen het raam.

Hij geeuwt.
En Mik?
Mik slaapt.
Want wie wil er nu wakker zijn?
Niemand toch zeker!

Lees ook:

Edward van de Vendel

Prins Nul

Er staan twee mannen aan de deur bij Mink.

Mink is een prins.

Prins Nul!

Hij moet mee de koets in.

Naar een nieuw land.

Hij krijgt een eigen troon met slotjes.

Maar wat zit daar in zijn zak?

Een vogeltje?

Een kneu?

Ben Kuipers

Het schrift van Dries

Het regent buiten.

Saai weer.

Dries is binnen.

Binnen is het saai, saai, saai.

Maar Dries heeft een schrift.

Daarin schrijft hij over zichzelf.

En dan is niets meer saai.

Rindert Kromhout

Rita Ramp
Help!
Daar komt Rita Ramp aan!
Verstop je spullen.
Verstop jezelf.
Zorg dat ze je niet ziet.
Anders ben je je leven niet zeker!
Arme Rita …
Ze is alleen op de wereld.
Tot op een dag, een donkere dag …

Rindert Kromhout

Beesten in het nieuws

De vader van Ben heeft een dierenwinkel.

Maar er komen veel te weinig klanten.

Ben zou pappa willen helpen.

Maar hij weet niet hoe.

En dan, ineens...

Slang eet muis!

Vogelspin kietelt kind!

Kikker brult!

Wat een nieuws.

Wat een beesten in het nieuws!